Inhalt

Fair Trade Handel - Vor allem "Lohas" kaufen im Weltladen

Kernthesen

Beitrag

Fallbeispiele

Zahlen und Fakten

Weiterführende Literatur

Impressum

GENIOS BranchenWissen Nr. 11/2007 vom 22.11.2007

Fair Trade Handel - Vor allem "Lohas" kaufen im Weltladen

Autor GENIOS BranchenWissen: A.Schneider

Kernthesen

- 2006 wurden in Deutschland Fairtrade-gesiegelte Waren im Wert von rund 110 Millionen Euro eingekauft ein Anstieg um 51 Prozent gegenüber dem Vorjahr. Weltweit liegt Deutschland auf Rang 5.
- Trendsetter sind die aufgeklärten Verbraucher der westlichen Industrienationen. Vor allem so genannte "Lohas" legen zunehmend Wert auf faire Lebensmittel und Produkte.
- Die wichtigsten Produkte im Fairen Handel sind Kaffee, Kakao bzw. Schokolade, Tee, Honig, Fruchtsaft und Bananen. Rund 4 000

Tonnen fair gehandelter Kaffee waren 2006 auf dem deutschen Markt, das sind 18 Prozent mehr als im Vorjahr.

Beitrag

Mit Fair-Trade hat die Moral in den Lebensmittelhandel Einzug gehalten. Noch kaufen bevorzugt betuchte "Lohas" im Weltladen & Co.

Fairer Handel Mit Brief und Siegel für eine bessere Welt

Fairer Handel ist "eine Handelspartnerschaft, die auf Dialog, Transparenz und Respekt beruht und nach mehr Gerechtigkeit im internationalen Handel strebt. Durch bessere Handelsbedingungen und die Sicherung sozialer Rechte für benachteiligte Produzent und Arbeiter insbesondere in den Ländern des Südens leistet der Faire Handel einen Beitrag zu nachhaltiger Entwicklung." So definiert das Forum Fairer Handel. Das Netzwerk des Fairen Handels in Deutschland unterhält das Internetportal www.forum-fairer-handel.de.

Benachteiligte Kleinproduzenten in der

Landwirtschaft und in der handwerklichen Produktion sowie abhängig beschäftigte Arbeiter auf Plantagen und in Fabriken sollen bessere Lebens- und Arbeitsbedingungen haben. Vor allem kleinbäuerliche Familien und ihre Zusammenschlüsse in Kooperativen und Genossenschaften sollen profitieren und Handelspartner sein. Es geht um einen nachhaltigen Umgang mit den natürlichen Ressourcen, soziale Sicherung, Bildung und Frauenförderung, Transparenz und demokratische Mitspracherechte.

Fair-Handels-Importeure und konventionelle Unternehmen, die einzelne fair gehandelte Produkte anbieten und dabei die vereinbarten Standards beachten, kaufen zu fairen Bedingungen die Produkte von den Produzenten.

In vielen Fällen wird die faire Handels-Partnerschaft besiegelt. Die Siegelorganisation TransFair vergibt das Fairtrade-Siegel für fair gehandelte Produkte, wenn die Fairtrade-Standards für dieses spezifische Produkt entlang der Handelskette eingehalten wurden. Transfair www.transfair.org wurde 1992 von Claudia Brück und Dieter Overath gegründet. Inzwischen haben 110 abnehmende Firmen Lizenzverträge mit Transfair und nutzen das Siegel.

Umsonst ist das Siegel natürlich nicht zu haben. Die

internationale Dachorganisation für Fair-Trade-Label (FLO) verlangt beispielsweise seit 2004 von jeder Kaffeegenossenschaft für die Erstinspektion einige tausend Dollar und jährliche Gebühren. Auf Druck lateinamerikanischer und karibischer Kleinbauern musste sie nun nach zehn Jahren die Einkaufspreise für Kaffee erhöhen. (1)

Verbraucher an die Macht "Abstimmung an der Supermarktkasse"

Getrieben wird das Ganze vom Verbraucher. Er fordert als fair eine ethisch einwandfreie Produktion. Nachhaltigkeit, eine gerechte Verteilung, Umweltschutz und soziale Gerechtigkeit sind für ihn kaufentscheidend. Der Soziologe Ulrich Beck spricht von "Abstimmung an der Supermarktkasse". Die Unternehmen müssen mitziehen. Und sie springen oftmals gerne auf diesen Zug auf. Der Kunde urteilt streng. Der jüngste Widerstand gegen den Kauf der Biokette Basic durch den Discounter Lidl hats deutlich gezeigt. In den Lebensmittelmarkt ist Moral eingekehrt.

Es liegt auf der Hand, dass dieser Trend zunächst in

den westlichen Industriestaaten Einzug hielt. Schließlich gibt es günstigere Produkte als die fair gehandelten. Eine gewisse Kaufkraft ist also von Nöten. [Abb.1] Vor allem als so genannte "Lohas" bezeichnete Konsumenten legen zunehmend Wert auf faire Lebensmittel und Produkte. Die Abkürzung steht für Lifestyle of Health and Sustainability: "Schick aussehen, lecker und gesund essen und mit gutem Gewissen Hybrid-Auto fahren. Ein Drittel der Bevölkerung in den USA und in Deutschland gehört dieser Gruppe. Allein in den USA sollen die Lohas in mindestens fünf Wirtschaftssegmenten wie Hausbau und Ausstattung, Ernährung und Verkehr für ein Umsatzvolumen von mehr als 230 Milliarden Dollar stehen." (2)

Doch auch Brasilien hat den Zeitgeist erkannt. Das Land will zugleich Hersteller und Abnehmer fairer Produkte sein. Ab Oktober verkaufen Wal Mart, Carrefour und Pao de Acúcar, der größte brasilianische Anbieter, Kaffee mit dem Fair-Trade-Label.

Fairer Kaffee & Co. im Weltladen, Supermarkt, Bioladen und Online-Shop

Die Fair-Handels-Bewegung entwickelte sich in Deutschland seit Anfang der 70er Jahre. Zunächst äußerst zögerlich. In Schwung kam die Initiative erst mit dem Weltfrauengebetstag 1993. Dort war der faire Handel eines der Themen. Und die Reaktion kam prompt. Die Frauen gingen in die Läden und wollten faire Produkte vor allem fairen Kaffee - kaufen. Meist vergeblich. Doch die Nachfrage wirkte. Zwei Monate später standen in 23 000 Geschäften in Deutschland 500-Gramm-Packungen mit Kaffee aus fairem Handel in den Regalen. Und die Kaffeebauern erhielten für ihren fairen Kaffee deutlich mehr Geld als von den etablierten Kaffeekonzernen.

Inzwischen bieten die rund 800 deutschen Weltläden (www.weltladen.de) faire Lebensmittel aller Kategorien: Espresso, Bananen, Schokolade, Bonbons, Gebäck und Kekse, exotische Knabbereien, Gewürze, Säfte, Nudeln, Wein und Pralinen. Tee, Kaffee, Orangensaft gibt es vielfach bereits in den gut sortierten Supermärkten.

Doch auch der konventionelle Einzelhandel bietet Produkte mit dem Fairtrade-Siegel an. In insgesamt 27 000 Supermärkten, in vielen Naturkostläden, Biosupermärkten und Bioläden sowie im engagierten Versandhandel sind Produkte mit dem Fairtrade-Siegel erhältlich. Auch die Online-Shops der bekannten Fair Handels-Organisationen wie GEPA

The Fair Trade Company, dwp, El Puente und der Eine-Welt-Shop verkaufen die fairen Produkte. Auch BanaFair, Podi Mohair, contigo, fairkauf Handelskontor eG, Nature and Art, Aprosas und RISB Regenwaldladen handeln ganz im Sinne des fair trade.

Seit dem Weltfrauengebetstag 1993 von Null auf über 100 Millionen Euro

2006 wurden in Deutschland Fairtrade-gesiegelte Waren im Wert von rund 110 Millionen Euro eingekauft ein Anstieg um 51 Prozent gegenüber dem Vorjahr.
Die großen deutschen Fair Handels-Importeure verzeichneten in ihrem Geschäftsjahr 2006 ebenfalls Umsatzsteigerungen: die GEPA The Fair Trade Company: +9 Prozent auf einen Großhandelsumsatz in Höhe von 49 Millionen Euro, EL PUENTE: +13 Prozent auf 5,8 Millionen Euro, dwp +17 Prozent auf 5,5 Millionen Euro, BanaFair +5 Prozent auf knapp 3 Millionen Euro.
70 Prozent der Produkte mit Fairtrade-Siegel tragen auch das Bio-Siegel. 68 Prozent der Lebensmittel, die die GEPA verkauft, sind biologisch zertifiziert, bei EL

PUENTE sind es ca. 70 Prozent, bei dwp 90 Prozent und bei BanaFair 100 Prozent. (3)

Weltweit wächst der Markt für faire Produkte seit Jahren, zuletzt um 40 Prozent auf weltweit 1,6 Milliarden Euro. Im Geschäft mit Fair-Trade-Produkten liegt Deutschland derzeit auf Rang 5. An der Spitze liegen die USA mit einem geschätzten Verkaufswert von Fair-Trade-Produkten in Höhe von knapp 350 Millionen Euro und einem Wachstum gegenüber dem Vorjahr von plus 60 Prozent. Auf dem zweiten Platz liegt Großbritannien (knapp 300 Millionen Euro, +35 Prozent), auf dem dritten die Schweiz (150 Millionen Euro, +5 Prozent). Danach folgen Frankreich (120 Millionen Euro, +57 Prozent) und Deutschland (80 Millionen Euro, +23 Prozent) - (Daten für 2005). (2)

Die wichtigsten Produkte im Fairen Handel sind Kaffee, Kakao bzw. Schokolade, Tee, Honig, Fruchtsaft und Bananen.
Rund 4 000 Tonnen fair gehandelter Kaffee waren 2006 auf dem deutschen Markt, das sind 18 Prozent mehr als im Vorjahr. Mehr als 1 000 Tonnen fair gehandelter Kakao bzw. Schokolade kamen in den deutschen Handel, das entspricht einer Steigerung um 28 Prozent im Vergleich zum Vorjahr.
Fair gehandelter Tee und Honig verzeichneten ein Plus von jeweils rund 7 Prozent. Das entsprach einer

Absatzmenge von ca. 450 Tonnen Honig und rund 230 Tonnen Tee. Die größten Zuwächse weist der Faire Handel 2006 bei Fruchtsaft und Bananen aus: 2 Millionen Liter fair gehandelter Fruchtsaft kamen auf den deutschen Markt, das ist ein Plus von 85 Prozent zum Vorjahr. Mit rund 12 500 Tonnen fair gehandelten Bananen stieg die Absatzmenge sogar um rund 130 Prozent. (3)

Fazit

Selbstverständlich achtet nicht nur die Lebensmittelbranche zunehmend auf fair gehandelte Produkte. Die Konsumenten fordern dieselben Standards längst ebenso in anderen Lebensbereichen. Und so sind beispielsweise auch die Textilindustrie (z.B. Patagonia), die Kosmetikanbieter (z.B. The Body Shop), der Versandhandel (z.B. Otto) und der Automobilbau (z.B. Toyotas Hybridauto Prius) auf den Zug aufgesprungen, um nur einige wenige Beispiele zu nennen.

Fallbeispiele

Jacobs Milea

mit dem Rainforest-Alliance Siegel bürgt für gerechte Arbeitsbedingungen und nachhaltigen Anbau. Der unterfränkische Brause-Brauer **Bionade** setzt äußerst erfolgreich auf kontrollierten Anbau und Hopfen von Bauern aus der Umgebung. Damit konnte er statt zwei Millionen Flaschen im Jahr 2002 knappe fünf Jahre später 250 Millionen verkaufen. (2)

Der **fair trade e. V.** wendet sich gerne an die jungen Menschen. Diese setzen sich oftmals sehr findig für faire Projekte ein. So gründeten beispielsweise Schüler einen "Fair Kiosk", in dem fair gehandelte Produkte wie Schokolade, Kekse, Tee, Kaffee und Orangensaft gehandelt werden. Den Reinerlös spenden die Schüler ihrer bolivianischen Partnerschule. (4)

Die **Stiftung Warentest** unterzieht seit 2004 ausgewählte Produkte so genannten Corporate Social Responsibility (CSR)-Tests. Die Zahl der Firmen, die mitarbeiten, stieg von 68 Prozent 2005 auf 87 Prozent 2006. Wer nicht mitmachen will, wird namentlich genannt und hat zumindest einen Imageverlust hinzunehmen. (2)

Tchibo

Österreich bietet seit September einen Fair Trade Kaffee unter der Marke Eduscho an. Der Kaffee ist zu 100 Prozent Fair Trade und kommt aus Brasilien und Kolumbien. "Eduscho Fairer Genuss" ist auch im ausgewählten Lebensmitteleinzelhandel erhältlich. Auch im Non-Food-Bereich achtet der Kaffeeröster auf die Einhaltung sozialer Mindestbedingungen bei der Herstellung. Für die rund 1 000, zu einem Großteil aus China, Indien, Bangladesch stammenden Non-Food-Lieferanten hat Tchibo einen Verhaltenskodex entwickelt, der Bestandteil jedes Vertrags ist. Beispielsweise ist Kinderarbeit verboten, höchstzulässige Arbeitszeiten müssen eingehalten werden und den Beschäftigten Mindestlöhne gezahlt werden. (5)

Der US-Lebensmittelriese **Kraft Foods** hat zwei Kaffees aus nachhaltigem Anbau im Programm: die Sorte Mildea und eine nur für Großverbraucher und für den Außer-Haus-Service fabrizierte Marke mit dem Namen "Nachhaltige Entwicklung". (2)

Der weltweit größte Einzelhändler **Wal-Mart** hat den jungen Umweltaktivisten Adam Werbach angeheuert. Unter seiner Führung sollen die 1,3 Millionen Wal-Mart-Mitarbeiter in den USA stellvertretend für die

200 Millionen Amerikaner nachhaltiges Verhalten trainieren und lernen, wie leicht es manchmal ist, sich umweltfreundlicher zu verhalten. (2)

Einen Wandel vom als kapitalistisch-ausbeuterisch verrufenen Unternehmen zum Vorbild in Sachen Fairer Handel hat sich der Bananen- und Früchtekonzern **Chiquita** auferlegt. Um seine Vergangenheit aufzuarbeiten, das Misstrauen loszuwerden und sein Image zu verbessern, startete Chiquita 1992 die Zusammenarbeit mit der Umweltorganisation Rainforest Alliance. 2002 trat es der Ethical Trading Initiative bei. Es wurde zu den Top 20 der grünen Aktien gekürt und sammelte Preise für sein Engagement. (6)

Zahlen & Fakten

Eldorado der Ethikfans - Kaufkraftranking der 20- bis 29-Jährigen nach Stadt- und Landkreisen in Euro

Kaufkraftranking der 20- bis 29-Jährigen nach Stadt- und Landkreisen in Euro*	
LK Starnberg	21.459
LK München	20.281
SK München	19.885
SK Erlangen	19.834
LK Ebersberg	19.689
LK Fürstenfeldbruck	19.198
Hochtaunuskreis	18.815
LK Dachau	18.380
Main-Taunus-Kreis	18.273
SK Landshut	17.883

* Jahresnettoeinkommen je Einwohner GfK-Gerbs Grafik

Quelle: Gfk, Zukunftsinstitut

Entnommen aus: WirtschaftsWoche, 17.09.2007, Nr. 38

Weiterführende Literatur

(1) FAIR, ABER HART
aus taz, 15.09.2007, S. II

(2) Die Macht des Guten. Moral bringt Profit. Unternehmen entdecken den gigantischen Wachstumsmarkt für faire Produkte
aus WirtschaftsWoche NR. 038 VOM 17.09.2007 SEITE 056

(3) O.V., Forum Fairer Handel, Zahlen zum fairen Handel in Deutschland, 2006
aus WirtschaftsWoche NR. 038 VOM 17.09.2007 SEITE

(4) Agitation mit Fußball und Schokolade Der fair trade e. V. setzt auf die JugendMit Projekten wie "Fair Kiosk" können Schüler Geld für faire Projekte verdienen. Lehrer wenden sich an den Verein, um Materialien zu bestellen. Der "Fußballkoffer" etwa enthält einen Film über die faire Herstellung von Bällen, Ballteile und Nähwerkzeuge
aus taz, 15.09.2007, S. VIII

(5) Tchibo setzt auf Fair Trade
aus "Regal" Nr. 09/07 vom 01.10.2007 Seite: 196

(6) Henry, Andreas, Chiquitas mühsamer Wandel zum Fast-Vorbild, WirtschaftsWoche online, 19.09.2007
aus "Regal" Nr. 09/07 vom 01.10.2007 Seite: 196

Impressum

Fair Trade Handel - Vor allem "Lohas" kaufen im Weltladen

Bibliografische Information der deutschen Nationalbibliothek

Die Deutsche Nationalbibliothek verzeichnet diese Publikation in der deutschen Nationalbibliografie; detaillierte bibliografische Daten sind im Internet über http://dnb.d-nb.de abrufbar.

ISBN: 978-3-7379-2466-5

© 2015 GBI-Genios Deutsche Wirtschaftsdatenbank GmbH, Freischützstraße 96, 81927 München, www.genios.de

Alle Rechte vorbehalten. Dieses Werk ist einschließlich aller seiner Teile – z.B. Texte, Tabellen und Grafiken - urheberrechtlich geschützt. Jede Verwertung außerhalb der Grenzen des Urheberrechtsgesetzes bedarf der vorherigen Zustimmung des Verlags. Dies gilt insbesondere auch für auszugsweise Nachdrucke, fotomechanische Vervielfältigungen (Fotokopie/Mikroskopie), Übersetzungen, Auswertungen durch Datenbanken oder ähnliche Einrichtungen und die Einspeicherung und Verarbeitung in elektronischen Systemen.